특산물을 보거나 들은 적이 많지요?
명절 때는 상주에서 나는 곶감이며,
나주 배 따위를 맛보기도 했을 거예요.
특산물은 그 고장의 자연 환경과 자원,
그리고 그 고장의 경제와 아주 밀접하게
관련되어 있습니다.
지방마다 다른 특산물을 살펴보다 보면
특산물을 통해 지역 경제와 모습을
전체적으로 이해하는 밑거름이 될 거예요.

자연 지리 감수_ 송언근

경북대학교 학부와 대학원에서 자연지리와 지리교육을 전공하고 박사 학위를 받았습니다. 뉴질랜드 크라이스트처치 교육대학 연구 교수로 활동하였으며, 지금은 대구교육대학교 사회교육과 교수로 있습니다. 쓴 책과 옮긴 책으로는 〈지리로 읽는 대구 이야기〉, 〈교육 연구의 질적 접근〉, 〈교육적 질문하기〉, 〈초등지리 교육론(공역)〉 등이 있습니다. 논문으로는 〈그림지도에서 수준별 교수·학습과 수행평가의 관계 구성〉, 〈지리교육에서 지형교육의 의미와 방향〉 등이 있습니다.

인문 지리 감수_ 서태열

서울대학교 학부와 대학원에서 지리교육을 전공하고 교육학 박사 학위를 받았습니다. 미국 텍사스주립대학에서 방문 교수로 활동하였으며, 지금은 고려대학교 지리교육과 교수로 있습니다. 제7차 사회과 교육과정 개정위원 및 초등 사회 교과서 집필위원, 한국교육과정평가원 자문위원 등을 지냈으며, 지금은 교육인적자원부 사회과 교육과정 심의위원, 한국사회과교육연구학회 부회장, 한국지리환경교육학회 부회장, 고려대학교 교과교육연구소장을 맡고 있습니다. 쓴 책과 옮긴 책으로는 〈지리교육학의 이해〉, 〈위성에서 보는 한국 아틀라스〉, 〈세계화 시대의 세계지리 읽기〉, 〈초등지리 교육론(공역)〉 등이 있습니다.

지구촌 감수_ 옥한석

서울대학교 학부와 대학원에서 지리학을 전공하고 박사 학위를 받았습니다. 한국사진지리학회장, 교육자료개발원장, 미국 워싱턴대학 방문 교수로 활동하였습니다. 지금은 한국지역지리학회 부회장 및 강원대학교 지리교육과 교수로 있습니다. 쓴 책으로는 〈세계화 시대의 세계지리 읽기〉 등이 있으며, 논문 〈생활 중심 교수 학습·모형의 설계와 적용〉과 〈학생의 일상적 개념을 활용한 지리 학습 동기 유발 방안 연구〉는 교육 현장의 주요 연구 사례로 평가받고 있습니다.

생활 문화 감수_ 남경희

일본 쓰쿠바 대학원에서 사회교육학을 전공하고, 교육학 박사 학위를 받았습니다. 제7차 초등 사회 교과서를 집필한 바 있으며, 한국사회과교육연구학회 회장, 서울교육대학교 발전기획단장 등으로 활동하였으며, 지금은 서울교육대학교 사회교육과 교수로 있습니다. 쓴 책으로는 〈사회과 교수·학습론〉, 〈현대 사회과 교육〉, 〈붕어빵 학교 753교실〉 등이 있습니다.

사회 생활 감수_ 서이종

서울대학교 학부와 대학원에서 사회학을 전공하고, 독일 베를린자유대학에서 박사 학위를 받았습니다. 서울대학교 중앙전산원 부원장으로 활동하였으며, 지금은 서울대 정보사회포럼을 맡고 있고, u클린 운동 추진위원장으로도 활동하고 있으며, 서울대학교 사회학과 교수로 있습니다. 쓴 책으로는 〈과학 사회 논쟁과 한국 사회〉, 〈한국 사회의 위험과 안전〉, 〈인터넷 커뮤니티와 한국 사회〉, 〈한국 벤처기업가 벤처기업가 정신〉, 〈사이버 시대의 사회 변동〉, 〈지식정보사회의 이론과 실제〉 등이 있습니다.

민주 정치 감수_ 장훈

서울대학교 학부와 대학원에서 정치학을 전공하고, 미국 노스웨스턴대학교에서 박사 학위를 받았습니다. 한림대학교 정치외교학과 교수, 한국정치학회 상임이사로 활동하였으며, 지금은 중앙대학교 정치외교학과 교수로 있습니다. 쓴 책으로는 〈경제를 살리는 민주주의〉, 〈한국의 자유민주주의〉 등이 있습니다.

글_ 최효덕

대학에서 독어독문학을 공부하고, 출판사에서 어린이를 위한 책을 만들었습니다. 지금은 어린이책 기획·편집자로 일하고 있습니다. 만든 책으로는 〈씽씽 한자〉, 〈유니 아이〉, 〈생각이 열리는 세계 문화 여행〉 등이 있고, 쓴 책으로는 〈민족의 큰별, 김구〉가 있습니다.

그림_ 박현정

덕원예술고등학교를 졸업하고 세종대학교에서 회화를 전공했습니다. 지금은 경기도 부천에서 그림도 그리고 디자인도 합니다. 그린 책으로는 〈젊은 베르테르의 슬픔〉, 〈밭에서 나는 보물〉, 〈다람이네 가족〉, 〈고릴라 아폴라비〉, 〈100마리 양 길들이기〉 등이 있습니다.

똑똑한 사회탐구 ⑰ 인문 지리 | 특산물 임금님도 반했대요

펴낸이 박허천 | 펴낸곳 한국헤밍웨이 | 출판등록 제406-2013-000056호 | 주소 경기도 성남시 분당구 금곡동 444-148 | 대표전화 031-715-7722 | 팩스 031-786-1100

기획·편집 오영호 이미경 황인옥 김경란 | 아트디렉터 유정미 | 디자인 박회정 이혜희 박민경 | 사진진행 시몽포토에이전시

사진출처 12 색패. 진주패. 청패_시몽포토에이전시 | 34 고창 복분자_시몽포토에이전시 | 34 보성 녹차 밭_시몽포토에이전시 | 34 울릉도 오징어_시몽포토에이전시 | 35 상주 곶감_중앙포토 | 35 영덕 대게_시몽포토에이전시 | 35 이천 도자기 전시장_중앙포토 | 36 세종 대왕 어가 행차_연합포토 | 36 풍기 인삼을 알리는 광고탑_연합포토 | 36 나주 배꽃 축제_연합포토 | 37 한산 세모시_시몽포토에이전시 | 37 제주 감귤 축제_시몽포토에이전시 | 37 대추 열매_시몽포토에이전시

임금님도 반했대요

글 최효덕 | 그림 박현정

한국헤밍웨이

특산물이 뭐예요?

특산물이란 고장에서 나는 물건들 가운데 특별히 맛이 좋거나,
품질이 뛰어나거나, 빼어나게 아름다워서 으뜸으로 치는 것을 말해요.
다른 고장에서는 전혀 나지 않는 아주 귀한 것도 특산물이에요.
특산물에는 쌀, 배, 인삼처럼 농산물도 있고,
미역, 오징어 같은 수산물도 있어요.
도자기나 삼베, 나전 칠기와 같은 생활 용품도 있지요.
고추장이나 명란젓과 같은 음식도 있어요.
또한 나무 열매나 버섯 등 산에서 나는 것도 있지요.

HR

특산물은 누가, 어떻게 정하나요?

특산물은 자연 환경과 아주 밀접한 관계가 있어요.
땅의 생김새나 날씨, 바람, 물, 흙, 기후 등 자연 환경과
그 고장에서 많이 나는 천연 자원과도 관계가 깊어요.
고장 사람들은 더 좋은 물건을 만들고,
질 좋은 것을 얻기 위해
오랫동안 끊임없이 연구하고 노력했어요.
점차 많은 사람이 그 맛과 품질을 인정하고,
더욱 시간이 지나면서 아주 많은 사람이 인정하여
전국에서 으뜸 가는 특산물이 되었어요.
나라 안팎으로 알려진 특산물에 얽힌 이야기도 많아요.
전국의 자랑스런 특산물들에 대해 하나하나 살펴보기로 해요.
함께 특산물 여행을 떠나 볼까요?

'굴비'라는 이름의 유래

고려 시대에 이자겸이라는 사람이 있었어요. 이자겸은 딸을 임금에게 시집 보내 외손자를 임금으로 앉혔어요. 그리고 외손자에게 두 딸을 또 시집 보냈어요. 이렇게 권력을 독차지하여 자기가 임금이 되려고 했어요. 하지만 들키는 바람에 영광 법성포로 귀양을 갔어요. 이자겸은 이 곳에서 조기를 먹어 보고 맛에 감탄했어요. 그는 조기를 소금에 절여 임금에게 바쳤어요. 임금은 이름이 뭐냐고 묻자, 신하가 굴비라고 전했어요. 이자겸은 생선을 임금에게 바친 것은 자기의 잘못을 용서받기 위해서가 아니라, 자기의 뜻을 비굴하게 굽히지 않겠다는 뜻에서 생선 이름을 '굴비'라고 올렸답니다.

절대 뜻을 굽히지 않겠나이다, 영광 굴비

전라 남도 영광 앞바다에서 나는 조기는 예로부터
임금님 수라상에 오른 생선이었어요.
조기란 겨울 동안 약해진 기운을 북돋운다는 뜻이에요.
어린이의 성장을 돕고 몸이 약해진 환자에게 아주 좋아요.
아무리 입맛이 떨어진 사람이라도 영광 굴비라면
밥 한 그릇을 뚝딱 해치워요. 그래서 밥도둑이라는 별명이 붙었어요.
영광 굴비가 다른 지방 것에 비해
특별히 맛이 좋은 몇 가지 비결이 있어요.
영광 앞바다인 칠산 바다에서 잡히는 참조기는 알이 크고,
지방이 많아요. 또한 1년 이상 간수가 빠진 바닷소금으로
알맞게 절여서 서해에서 불어 오는 바람에 잘 말려요.

색패
진주패
청패
나전 칠기는 옻의 검은 색상과 조화를 이루어요.
나전 칠기에 사용하는 조개 껍데기는 크게 소라류
(야광패, 수도리패)와 전복류(청패, 색패, 대만패 등),
진주패류(흰진주패, 노란 진주패 등)로 나뉩니다.

조개 껍데기로 만든 보석, 통영 나전 칠기

나전 칠기는 조개 껍데기를 얇게 잘라 나무에 붙여 문양을 만들고,

그 위에 옻칠을 해서 만들어요. 흔히 '자개'라고 해요.

깊은 바다에서 나는 조개와 높은 산에서 자란 나무로 만들어요.

예로부터 높은 산의 기상과 깊은 바다의 정기를 한데 모았지요.

집에 나전 칠기를 두면 가족이 잘 지내고, 명예가 산처럼 높아지며,

마음과 재산이 바다처럼 풍요로워진다는 이야기가 전해 와요.

그래서 집집이 나전 칠기 장롱 하나 갖는 것이 소원이었어요.

예로부터 왕실과 귀족들이 즐겨 사용하는 공예품이에요.

나전 칠기에는 옷장, 탁자, 함, 밥상 등이 있어요.

특히 통영에서 나는 나전 칠기는 아주 유명해요.

중요 무형 문화재로 지정되어 기능 보유자들이 맥을 잇고 있어요.

중요 무형 문화재

문화재는 크게 유형 문화재와 무형 문화재로 나눠요. 유형 문화재는 불국사, 팔만 대장경처럼 눈으로 보고 만져지는 문화재예요. 무형 문화재는 봉산 탈춤, 나전장처럼 눈에 보이지 않는 문화재예요. 중요 무형 문화재는 국가에서 인정해 칭호를 준 것으로 그 분야에서 오직 하나만 선정합니다. 중요 무형 문화재는 기술이나 민요가 될 수도 있고, 그 기능을 가진 사람도 될 수 있어요.

세상에서 가장 가벼운 옷감, 한산 세모시

한산 세모시는 충청 남도 한산 지방에서 나는 모시예요.

예로부터 품질이 좋고 매우 섬세하며 아름다워요.

세모시는 올이 유난히 가늘고 고운 모시예요.

충청 남도 서천군 한산면 건지산 기슭에서는

백제 시대부터 모시의 재료인 야생 저마를 재배했어요.

통일 신라 시대에는 모시가 중국 당나라까지 팔렸어요.

조선 시대에는 나라에 바치는 진상품에 뽑혔지요.

한산 세모시는 몸에 해롭지 않은 천연 섬유로

빛깔이 백옥같이 희고 우아해요.

여름에 입으면 날아갈 듯 가볍고 바람이 잘 통해 시원해요.

제작 기술을 보호하고 대대로 이어 가기 위해

무형 문화재로 지정했어요.

'사발 모시'의 유래

　고려 충렬왕 때에 한 여자 스님이 삼 년에 걸쳐 모시 한 필을 짜서 임금에게 바쳤어요. 그 모시는 올이 마치 매미 날개처럼 섬세했어요. 옷감에 놓은 연꽃 무늬는 마치 살아 있는 것 같았습니다. 올이 아주 가늘고 고와서 모시 한 필을 커다란 사발에 빨 정도였어요. 그래서 '사발 모시'라는 말이 생겼어요. 훅 불면 날아갈 정도였으니까요.

힘이 불끈불끈, 풍기 인삼

산삼은 오랜 세월 우리 민족과 함께 한 신비한 약초예요.
옛날 사람들은 산삼을 불로초라고도 했어요.
신라 시대에 중국 당나라에 산삼 200근을 선물했다는
기록이 있을 정도로 소백산에는 산삼이 많이 자랐어요.
그렇지만 구하기가 너무 힘들었어요. 조선 시대의 학자 주세붕은
산삼을 캐는 대신 직접 재배하기로 했어요.
그는 전국을 돌며 산삼이 자라는 곳의 토양과 기후를 조사했어요.
마침내 풍기가 산삼이 가장 많이 자랄 뿐 아니라 삼을 재배하기에
가장 좋다는 것을 알아 냈지요.
풍기에서 산삼 씨를 채취하여 재배했어요. 풍기 인삼은 속이 꽉 차고,
몸에 좋은 성분들이 다른 인삼에 비해 훨씬 많아요.
그 뒤로 대궐에서는 풍기 인삼만 사용했다고 해요.
풍기는 높은 위치에 있어서 기후가 서늘하고 바람이 잘 통해요.
또한 땅이 모래흙이라 물이 잘 빠져서 재배하기 딱 좋아요.

입 안이 얼얼, 아주 매운 청양 고추

청양 고추는 매운 맛을 내는 성분이 다른 고추에 비해 아주 많아요.

광물질, 비타민 등 영양소가 많고 향기도 강해요.

또, 고추 껍질이 두꺼워서 오래 두어도 맛이 변하지 않아요.

그래서 청양 고추로 담근 김치는 잘 시지 않지요.

매콤달콤한 맛 때문에 훨씬 맛있거든요.

이 고추가 유명해지자 자기네 마을 것이 청양 고추의 원조라고 했어요.

충청 남도 청양 지방의 고추라서 이 이름을 붙였다고 해요.

또 경상 북도 청송군과 강원도 양양군에서 많이 재배하여

알려졌기 때문에 청송군과 양양군의 앞 글자를 따서 '청양' 이라고

했다는 이야기도 있어요.

뛰어난 기술로 정성껏 만든 안성 유기

유기란 놋쇠로 만든 그릇을 말해요.

유기는 우리 민족과 천 년을 함께 한 전통 그릇이에요. 신라 시대부터 만들기
시작하여 고려 시대에는 귀족들의 식기와 불상 등 불교 공예품으로 썼어요.
중국에도 수출했어요. 조선 시대에는 널리 사용하는 그릇이 되었지요.

안성 유기가 가장 유명해요. 안성에서 서울 양반집들이 쓰는 그릇을 도맡아
만들었기 때문이에요. 안성에서는 평민들이 쓰는 장내기라는 그릇과 관청이나
양반들이 특별히 부탁을 해서 모양과 질을 좋게 만든 모춤을 만들었어요.

유기는 세월이 흐르면서 사람들이 쓰지 않았어요. 좀 더 편리한 그릇들이
나왔기 때문이에요. 요즘에는 다시 유기를 찾는 사람들이 늘고 있지요.
유기는 몸에 해로운 균을 죽이고, 몸에 좋은 미네랄 등을 만들기 때문이지요.
식품에 들어 있는 영양소를 오랫동안 보관하는 성질도 있어요.

'안성맞춤'의 유래

바라거나 생각한 대로 잘 된 물건, 혹은 잘 어울리고 딱 들어맞을 때 안
성맞춤이라는 말을 써요. 안성 유기 가운데 모춤은 특별히 부탁을 받아서
만든 그릇이에요. 모춤이라는 말에서 '안성맞춤'이라는 말이 생겨났어요.

초 정 리 약수
라듐
H₂O
Ra
Ra
H₂O

톡 쏘는 물맛, 초정 약수

탄산 음료의 톡 쏘는 맛을 알고 있지요? 천연 샘물인데 탄산 음료처럼

톡 쏘는 물이 있어요. 바로 초정 약수예요.

초정이란 '후추처럼 톡 쏘는 물이 나오는 우물'이란 뜻이에요.

초정 약수는 지하 100미터의 석회암 층에서 솟아나는 물이에요.

몸에 좋은 여러 가지 성분이 들어 있어요. 특히 노쇠한 세포를 자극하여

몸의 기능을 활발하게 하고 혈압을 조절하는 라듐 성분이 많아요.

초정 약수가 더 유명해진 데는 세종 대왕도 한몫 했습니다.

세종 대왕은 오랫동안 눈병을 앓은 데다 피부병도 아주 심했어요.

그래서 초정 약수로 병을 치료하려고

초정리에 궁을 짓고 왕비와 함께 머물렀습니다.

초정 약수는 미국에서 솟는 섀스타 광천수와 함께 세계적으로

신비한 물로 널리 알려졌어요.

AFRICA
AMERICA

세계적인 과일, 나주 배

나주는 오래 전부터 배의 고향으로 알려져 왔어요.

일제 시대인 1910년에 본격적으로 과수 재배가 이뤄졌지요.

일본 사람이 나주에 와 보니 나주의 기후뿐만 아니라

흙, 땅의 경사 정도가 배가 자라기에

가장 적당한 조건을 갖추고 있다는 것을 알아 냈어요.

그래서 일본에서 개발된 품종을 심기 시작했지요.

주위의 사람들이 다투어 재배하자 점점 재배 면적이 넓어졌어요.

오늘날 나주 배 연구소를 세워 품질을 높이기 위해 노력하고 있어요.

나주 배는 다른 지방에서 나는 배에 비해 부드러우며

과즙이 많고 다디달아요. 또한 다른 배에 비해 크고 빛깔도 좋지요.

마침내 세계가 인정하여 미국, 캐나다, 중동, 동남 아시아,

유럽 등에 널리 수출하고 있습니다.

우리 나라 대표 과일

2000년에 열린 서울 아시아 유럽 정상 회의(ASEM) 국제
회의장에서 김대중 대통령이 여러 나라 대통령에게 나주 배
를 한 상자씩 선물했습니다. 또, 미국의 세계적인 팝 가수 마
이클 잭슨이 우리 나라에 와서 나주 배를 먹어 본 뒤 아담과
이브가 먹은 선악과에 비유하며 그 맛에 감탄했어요.

대야나
대양가

화려하면서 소박한 예술품, 강화 화문석

화문석을 본 적이 있나요? 화문석은 왕골로 만든 꽃 돗자리예요.

화문석을 언제부터 만들었는지 정확하게 알 수는 없어요.

고려 시대부터 화문석을 만들었다는 기록이 있어요. 조선 시대 왕실에서는

화문석의 무늬를 좀 더 아름답게 하라고 주문할 정도였어요.

용, 호랑이, 원앙, 학, 매화, 모란 등 매우 화려한 무늬로 만들어요.

주로 지금의 인천 강화도에서 화문석을 만들었어요.

그 기술이 오늘날까지 전해진 거예요.

화문석의 재료인 왕골은 땀을 잘 흡수하고 겨울에는 냉기를 막아 주어요.

오래 사용하면 할수록 윤기가 나며, 부스러지지 않고 질겨져요.

특히 강화 화문석이 유명해요. 재료인 하얀 왕골이 강화도에서만

나기 때문이지요. 왕골에 새긴 화려하고 섬세한 무늬는

아름다운 예술 작품이라 할 수 있습니다.

결과 빛깔이 고운 안동포

안동포는 경상 북도 안동 지방에서 나는 삼베를 말해요.

삼베는 오래 전부터 일반 백성들이 즐겨 입는 여름 옷감이에요.

특히 안동포는 결과 빛깔이 고우며 통풍이 잘 됩니다.

신라 시대에 화랑도들이 즐겨 입었어요.

조선 시대에는 궁궐에 바치는 진상품으로 이름을 떨쳤지요.

안동은 삼베의 재료인 삼이 자라기 좋은 곳이에요.

안동 지방은 땅이 모래와 찰흙으로 이루어져서 물이 잘 빠져요.

그래서 삼이 튼튼하고 곧게 잘 자랍니다.

질 좋은 안동포로 수의*를 만들어 입히면

땅 속 벌레가 잘 오지 않고 통풍이 잘 되어 곱게 썩어요.

요즘도 안동포로 만든 수의를 으뜸으로 알아 줍니다.

지금은 안동포 만드는 기술을 중요 무형 문화재로 지정하여 보호하고 있지요.

*수의 죽은 사람의 시신에 입히는 옷이에요. 수의는 명주나 비단, 삼베, 모시 등 천연 섬유로 만들어요.
빨리 썩는 것이 좋다고 하여 보통 삼베나 모시를 사용합니다.

임금도 반한 밥맛, 여주 쌀

경기도 여주는 한반도의 가운데에 있어 사계절이 뚜렷하고,
주변에 높은 산이 적어 하루 종일 햇살이 내리쬐어요.
또, 다른 지역보다 밤과 낮의 기온 차이가 커서 늘 풍년이 드는
고장으로 알려져 있습니다. 게다가 맑고 깨끗한 남한강이 흘러
농사짓는 데 필요한 물이 풍부하고, 그 물맛 또한 좋기로 유명하지요.
여주 지방의 흙은 유기물이 많아 벼가 자라는 데 필요한 양분이 풍부해요.
이처럼 좋은 자연 환경을 바탕으로 여주에서는
오래 전부터 벼농사를 지었어요.
따라서 임금도 반했다는 여주 쌀이 탄생했지요.

물이 좋아 밥맛이 달라진 여주 쌀

  조선 시대 임금 태종이 경기도 여주 땅에 와서 수라상을 받았어요. 태종은 밥맛이 좋다며 여주 쌀을 진상품으로 올리라고 했지요. 궁궐로 돌아온 뒤 여주 쌀로 지은 밥을 한 숟갈 떠먹더니 태종이 불호령을 했어요. 여주에서 먹은 밥맛과 다르다는 것이었지요. 여주 현감이 소식을 듣고 어찌할 바를 모르자 한 선비가 비결을 알려 주었어요. 여주에서 나는 물로 밥을 지으라는 거예요. 선비의 말대로 여주 물로 밥을 지어 올리자, 임금은 그제야 여주에서 먹던 밥맛과 똑같다며 좋아했어요. 그런데 같은 쌀인데 왜 밥맛이 다를까요? 바로 물 때문이지요. 여주는 물맛이 좋아 쌀도 질이 좋습니다.

감귤나무의 다른 이름

조선 시대에는 귤을 진상하기 위해 농민들이 갖은 수난을 겪어 '눈물 나무' 라는 이름이 붙기도 했습니다. 또, 1960년대 이후에는 감귤나무 몇 그루만 있으면 자식을 대학에 보낼 수 있을 정도로 소득이 좋아 '대학 나무' 라 하기도 했지요.

황금 열매, 제주 감귤

오래 전부터 제주도에서 감귤을 공물로 바쳤어요. 조선 시대에

감귤은 제사상에 올리고, 귀한 손님을 대접하는 중요한 과일이었어요.

해마다 동지가 되면 제주도에서는 감귤을 임금에게 바쳤어요.

대궐에서는 먼저 귀한 감귤을 종묘에 올린 뒤에 신하들에게 나누어 주었어요.

바다 건너 감귤을 가지고 온 사람들에게는 칭찬을 아끼지 않았어요.

비단을 상으로 내리는가 하면 그들에게 임시 과거 시험을 칠 수 있게 했지요.

제주 감귤은 1900년대 초 제주에 사는 프랑스 선교사가 일본에 사는

친구에게 선물로 받은 감귤나무를 심으면서 오늘날과 같은

새로운 품종이 본격적으로 재배되기 시작했어요.

감귤나무는 따뜻한 기후에서 잘 자라요.

우뚝 선 한라산은 북쪽의 찬 바람을 막아 주어요.

그래서 제주도 서귀포 일대가 자라기 딱 좋아요.

깊이보기

특산물을 공부하다 보면 우리 나라 곳곳에 어떤 것이 많이 나는지, 그 지방의 자연 환경은 어떤지 등을 알 수 있어요. 초등 사회 교과에서는 4학년 1학기 '더불어 살아가는 우리 지역'에서 특산물에 대해 공부합니다.

▲ **고창 복분자** 전국 생산량의 절반이 넘는 양을 고창에서 생산하고 있습니다.

▲ **보성 녹차 밭** 녹차는 항암 효과, 당뇨병, 고혈압 등 성인 병 예방에 효과가 있습니다.

▲ **울릉도 오징어** 잡은 오징어를 바닷가 덕장에서 말립니다.

우리 나라 곳곳에 특산물이 많아요

우리 나라 방방곡곡에는 수많은 특산물이 있어요. 각 지방마다 어떤 특산물이 있는지 좀 더 알아보아요.

기장 미역

기장 앞바다는 한류와 난류가 만나며, 계절풍이 강하게 붑니다. 그 영향으로 바닷물이 위아래로 활발하게 움직여 플랑크톤이 풍부하므로 미역이 자라기에 가장 좋은 조건을 갖추었어요. 특히 기장 미역은 잎이 좁고 두터우며 음식을 만들어도 잘 풀리지 않아 오돌오돌하면서 매끄럽고 담백합니다.

순창 고추장

고추장은 고추를 말리는 햇빛에 따라 맛이 달라집니다. 순창 고추장은 깨끗한 섬진강 상류의 지하 암반수, 고추장의 품질을 좌우하는 효모균 번식에 가장 적합한 기후, 그리고 전통 비법의 세 가지가 어우러져 만들어졌기 때문에 옛날부터 그 이름이 널리 알려졌어요. 조선 시대에 줄곧 궁중에 바쳐진 진상품으로 유명합니다. 이 고추장은 검붉은 색깔과 은은한 향기, 매콤한 맛이 최고입니다.

고창 복분자

복분자 딸기 열매는 7~8월에 붉은 빛이 도는 검은 색으로 익습니다. 고창은 선운산 자락을 중심으로 복분자가 많이 나며, 직접 재배하기도 합니다. 한방에서는 복분자를 약재로 쓰며, 칼슘과 철분이 많이 들어 있습니다. 복분자로 담근 술은 포도주에 뒤지지 않을 정도로 우리 나라를 대표하는 술이라고 할 수 있습니다. 복분자가 몸에 좋은 까닭은 몸 속의 노폐물을 배출시키는 효과가 있으며 노화를 억제합니다.

보성 녹차

보성은 바다가 가까워 물기를 머금은 따뜻한 바닷바람이 불어 늘 따뜻하고 습도가 높습니다. 게다가 물맛이 좋은 지하 암반 위에 기름진 흙이 쌓여 있기 때문에 삼국 시대부터 차를 재배했다는 기록이 있습니다.

울릉도 오징어

울릉도 오징어는 잡은 날 바로 맑은 바닷물에 씻어 바닷가 덕장에서 말리기 때문에 신선하고 부드럽습니다. 맛이 짜지 않아 오징어 본래의 쫄깃함과 은은한 뒷맛을 느낄 수 있습니다.

성주 참외

참외는 삼국 시대에 중국에서 들어왔습니다. 오랜 세월을 거치는 동안 각 지방에는 그 지방에 맞는 재래종 참외가 있었어요. 하지만 재래종 참외는 단맛이 떨어지고 늦게 익기도 합니다. 성주에서 생산되는 금싸라기 참외는 멜론과 참외를 교배한 것으로, 달고 사근사근하여 누구나 좋아합니다.

상주 곶감

좋은 곶감을 만들려면 무엇보다도 잘 말려야 합니다. 상주는 북서 계절풍이 잘 부는 지역이어서 곶감이 빨리 마릅니다. 게다가 상주는 감나무가 자라기에 딱 좋은 지형입니다. 상주 곶감은 이처럼 좋은 감을 자연 바람으로 말려서 단맛이 뛰어날 뿐만 아니라 씨가 적고 부드럽습니다.

▲ **상주 곶감** 바람이 잘 통하는 곳에서 잘 말려야 합니다.

영덕 대게

영덕 대게는 고려 태조 왕건이 지방 순시를 나왔을 때 술상에 특별한 음식으로 올렸다는 얘기가 있습니다. 또, 조선 시대에는 진상품으로 임금의 수라상에 올랐습니다. 대게라는 말은 대나무 섬, 지금의 영덕군 축산면 죽도산을 지나 오면서 잡은 게의 다리가 대나무 마디처럼 길쭉하다고 해서 붙인 이름입니다.

보은 대추

속리산 자락에 자리 잡은 보은은 일조량이 많고 흙이 기름져 대추를 재배하기에 딱 좋은 곳입니다. 또한 낮과 밤의 기온 차이가 커서 대추가 달고 품질이 좋습니다. 이 고장 사람들은 대추를 팔아서 살림살이를 꾸릴 뿐 아니라 자식들을 시집·장가 보내는 비용으로도 썼습니다. 〈홍길동전〉을 쓴 허균은 보은 대추가 크고 뾰족하며 색깔이 붉은 데다가 맛이 달아 가장 좋다고 하였습니다. 특히 고혈압, 뇌출혈 등을 예방하는 효과가 뛰어납니다.

▲ **영덕 대게** 조선 시대에 임금의 수라상에 오를 정도로 맛과 영양이 풍부합니다.

울산 은장도

울산 지방은 예로부터 철이 많이 나는 곳으로, 조선 시대에는 이 곳에서 무기를 많이 만들었습니다. 이 기술이 장도나 담뱃대 등을 만드는 기술로 이어져 금속 공예의 명산지가 되었지요. 장도는 작은 칼로, 칼자루와 칼집을 만든 재료에 따라 나무로 만든 목장도, 뼈로 만든 골장도, 은으로 만든 은장도가 있습니다.

이천 도자기

이천에는 도자기를 만들 때 쓰이는 고령토가 많고, 땔나무를 구하기 쉬워 오랜 옛날부터 도자기가 발달했어요. 조선 시대 중기까지 지방 특산물로 손꼽히던 도자기 제작이 근대에 들어 점점 쇠퇴했어요. 그러다 오늘날 다시 이천 도자기가 이름을 떨치게 되었습니다. 또 해마다 이천 도자기 축제를 개최하여 이천 도자기 발전과 생활 도예를 알리려고 노력합니다.

▲ **이천 도자기 전시장** 이천 도자기는 조선 시대 후기 이래 맥이 끊겼다가 오늘날 다시 거듭났어요.

▲ **세종 대왕 어가 행차** 세종 대왕이 초정 약수에 행차하여 병을 치료하던 것을 기념하고 있습니다.

▲ **풍기 인삼을 알리는 광고탑** 풍기 인삼은 다른 지방의 인삼에 비해 속이 꽉 차고 몸에 좋은 성분이 더 많습니다.

▲ **나주 배꽃 축제** 나주에 배꽃이 피는 계절이면 온 마을이 하얀 천을 깔아 놓은 듯합니다.

특산물을 널리 알려요

이미 널리 알려진 특산물이지만, 각 지방마다 특산물을 알리는 행사를 많이 해요. 그래야 더 많은 사람들이 찾아오고, 특산물을 더 많이 팔 수 있기 때문이지요.

세종 대왕과 초정 약수 축제

해마다 5월 초에 충북 청원군 내수읍 초정리에서 열립니다. 세종 대왕 어가 행차, 약수 요리 체험, 과거 시험 재현, 눈 씻는 의식 체험, 세종 대왕과 소헌 왕후 선발 대회, 불꽃놀이, 축하 공연 등이 열립니다.

영덕 복사꽃 대게 축제

해마다 4월쯤에 열립니다. 영덕군 강구항과 영덕 대게로에서 펼쳐집니다. 대게 요리 만들기, 대게 회 썰기, 어선 무료 타기, 대게 요리 시식 등 여러 가지 행사가 열립니다. 특히 이 무렵에는 복사꽃이 활짝 피어 축제장을 온통 연분홍색으로 물들입니다.

풍기 인삼 축제

풍기 인삼의 우수성을 널리 알리기 위해 대략 10월 초에 열립니다. 최고 인삼 콘테스트, 인삼 씨앗 뿌리기, 인삼 미인 선발 대회, 인삼 풍물 사진전, 인삼 요리 전시 등이 열립니다. 또한 인삼 캐기와 인삼 가공 과정 체험 등의 참여 행사도 열립니다.

나주 배 축제와 배꽃 축제

나주 배 축제와 배꽃 축제는 일 년에 한 번씩 번갈아가며 열립니다. 나주 배 축제는 10월 초에 열리고, 배꽃 축제는 배꽃이 한창인 4월에 열립니다. 배꽃 축제 때는 배 과수원 길 걷기, 천연 염색 하기, 사진 촬영 대회 등이 열립니다. 10월 나주 배 축제 때는 배 깎기 대회, 배신제 등이 열립니다.

단양 마늘 축제

단양 5일장에 맞춰 마늘을 수확하는 때인 7월 초에 열립니다. 수변 특설 무대를 중심으로 단양 일대에서 열리며, 단양 마늘 엮기, 단양 마늘 음식 경연 대회 및 시식, 새끼 꼬기, 단양 육쪽 마늘 까기, 단양 마늘 아가씨 선발 대회, 단양 마늘 직판 등 여러 가지 행사가 열립니다.

고창 복분자 축제

복분자는 딸기의 일종으로 복분자딸기라고도 합니다. 고창 복분자 축제는 복분자를 수확하는 6월 중순에 열립니다. 선운산 도립 공원을 중심으로 복분자 재배지에서 열립니다. 천하 장사 씨름 대회, 복분자 따기 체험 행사, 복분자 요리 만들기, 복분자 생과 및 가공 식품 맛 보기 등이 펼쳐집니다.

한산 모시 문화제

해마다 5월 초에 한산 모시관 주변에서 열립니다. 1000년의 역사와 최고의 품질로 명성이 높은 한산 모시를 알리기 위해 한산 모시옷 패션쇼, 한산 모시옷 입어 보기 체험, 한산 모시제, 한산 모시 길쌈 체험, 전국 한산 모시 디자인 공모전 등 여러 행사가 열립니다.

제주 감귤 축제

해마다 11월 초에 약 열흘간 서귀포시 월드컵 경기장 등 주요 행사장에서 열립니다. 제주도 및 감귤에 관한 온갖 공연과 전시가 열려요. 감귤 종류도 여러 가지인데, 특이한 감귤도 볼 수 있습니다.

구례 산수유 꽃 축제

산수유 열매는 가을에 빨갛게 익었을 때 따서 씨를 빼고 잘 말려 한약재로 씁니다. 구례군 산동면은 우리 나라에서 가장 큰 산수유 마을입니다. 해마다 노란 산수유 꽃이 피는 3월 중순에 지리산 온천 관광지를 중심으로 열립니다. 산수유 풍년 기원 꿩 날리기, 동편제 판소리 공연, 산수유 꽃길 걷기 등이 열리며, 장작 패기 등 여러 가지 농촌 체험 행사도 열립니다.

특산물을 이용해 나라를 알려요

특산물을 이용하여 새로운 상품이 개발되고 있습니다. 특히 몸에 좋은 식품으로 새롭게 태어나기도 하고, 기발한 아이디어 상품으로 탈바꿈하기도 합니다. 적합한 자연 환경과 풍부한 자원, 끊임없는 노력으로 특산물이 되는 것처럼, 특산물을 이용한 새 상품들은 새로운 산업으로 발전하고 있습니다. 오늘날 한 나라의 대표 상품은 그 나라의 주요 수출품으로 나라 경제에 중요한 구실을 합니다. 우리 나라도 특산물을 더욱 세계적인 상품으로 개발하고 있습니다.

특산물과 관련된 속담

청산 보은 처녀 눈물 흘리듯

차마 말은 못하고 속으로 눈물만 흘리는 것을 이르는 말이에요. 청산과 보은은 대추가 많이 나는 고장이에요. 이 고장 처녀들은 대추 농사가 잘 되기를 빌었어요. 대추를 팔아서 시집을 갈 수 있으니까요. 그런데 여름철 복날 비가 오면 대추 농사가 잘 안 되지요. 장마가 계속되면 수확을 많이 할 수 없기 때문이에요. 그래서 여름철 복날 비가 오면 청산과 보은 처녀들은 말도 못하고 속으로 눈물만 흘렸다고 합니다.

남양 원님 굴회 마시듯

무엇을 눈 깜짝할 사이에 먹어치우는 모습을 이른 말이에요. 남양은 경기도 화성군에 있는 고을이에요. 이 곳은 굴이 많이 납니다. 남양에 새로 오는 원님들마다 이 고장의 특산물인 굴을 씹지도 않고 훌훌 마셨다는 데서 나온 말이에요.

▲ **한산 세모시** 베틀에 앉아 한산 모시를 짭니다.

▲ **제주 감귤 축제** '감귤 하르방'이 반갑게 인사합니다.

▲ **대추 열매**

똑똑한 사회탐구